KB044787

초등영어 문법부터 해결한다

저자
AST Jr. English Lab

Accumulation of Stocks of English Training의 약자로 영어 학습의 완성은 체화라 믿고

가장 낮은 단계에서 시작하여 가장 높은 단계의 영어 수준을 실현하는 영어 학습법을 개발하고자

노력하는 연구조직이다.

저서로 「중학교 가기 전에 끝내는 영단어」, 「영어 알파벳 처음쓰기」 등이 있다.

초등영어 문법부터 해결한다 Basic Level 3

저자 AST Jr. English Lab
초판 1쇄 인쇄 2022년 1월 3일   **초판 1쇄 발행** 2022년 1월 15일

발행인 박효상   **편집장** 김현   **기획 · 편집** 김설아, 하나래
표지, 내지 디자인 · 조판 the PAGE 박성미   **본문 진행** 윤미영
마케팅 이태호, 이전희   **관리** 김태옥   **종이** 월드페이퍼   **인쇄 · 제본** 예림인쇄 · 바인딩

출판등록 제10-1835호   **발행처** 사람in
주소 04034 서울시 마포구 양화로 11길 14-10 (서교동) 3F
전화 02) 338-3555(代)   **팩스** 02) 338-3545   **E-mail** saramin@netsgo.com
Website www.saramin.com
책값은 뒤표지에 있습니다. 파본은 바꾸어 드립니다.

ⓒ 윤미영 2022

ISBN
978-89-6049-930-0 64740
978-89-6049-927-0 (set)

우아한 실사구시, 기민한 지적만보 **사람in**

어린이제품안전특별법에 의한 제품표시	
제조자명 사람in	**전화번호** 02-338-3555
제조국명 대한민국	**주 소** 서울시 마포구 양화로
사용연령 5세 이상 어린이 제품	11길 14-10 3층

하다 보면
저절로 되는
시스템

초등영어
문법부터
해결한다

파닉스, 사이트워드를 마친 초등생의 첫 영문법

Grammar

Basic Level **3**
초등 교과 연계

사람in
saram
in.com

초등영어 문법부터 해결한다 시리즈

매일 2쪽씩

Part 완료 후 복습

5주
완성

1 왜 초등 3학년이 영문법 공부의 최적의 시기인가?

초등 3학년은 인지 능력 향상으로 영어 학습의 방향이 중요한 시기

초등 교과과정은 모국어 습득 방식처럼 듣기 노출 및 책 읽기 등의 자연스러운 '습득' 쪽에 초점을 두어 충분히 노출시키는 것을 중요시합니다. 하지만 현실적으로 초등 영어는 의식적인 '학습' 또한 병행이 필요한 시기입니다. 노출 시간 대비 효과 면에서 볼 때 결과물이 더 빨리 나타나기 때문에 이 시기의 인지 능력에 부합하고 동기부여가 되는 학습법과 교재가 필요하게 됩니다. 초등 1, 2학년은 문자 읽기를 하는 시기라서 발음을 빠르게 문자로 연결시키는 파닉스와 리더스 교재가 필요할 때입니다. 이 시기에 노출되고 학습된 영어 기초를 바탕으로 효과적인 영어 성취감을 얻을 수 있게 되는 초등 3학년이 영문법, 곧, 문장의 규칙을 통해 체계적으로 읽기와 쓰기의 뼈대를 세울 수 있는 최적의 시기가 됩니다.

초등 기초 영어

초등과정에서 학습해야 할 생활영어, 어휘와 문법 내용 등은 반드시 초등과정 기간 내에 마무리 지어 영어에 대한 근거 있는 자신감을 확보하는 것이 중요합니다.

초등 기본기 영문법

초등 교과과정에서 문자 지도가 강화되면서 읽기, 쓰기 성취 기준이 상향되었기에 체계적인 읽기와 쓰기의 기본을 세울 수 있게 해주는 영문법 학습을 해야 합니다.

② 왜 초등영어 문법부터 해결한다가 효과적인가?

구성원리 ········· 초등 교과과정의 기초를 체계적인 규칙으로 재정립한 영문법 구성

	연관 문법 개념/소재			
명사	단복수(-s, -es)	셀 수 있는(없는) 명사		
대명사	지시대명사(this, that)	인칭대명사(it)	소유격(my, your)	
be동사	긍정문	부정문	의문문	be동사 + 명사 / 형용사
일반동사	긍정문(1, 2인칭 / 3인칭)	부정문	의문문	동사 have, want, like
조동사 can	긍정문	부정문	의문문	
형용사/부사	수, 묘사, 색, 감정	be동사 + 형용사	부사 very	
			형용사(묘사), 소유격, be동사 문장 설명을 위해 쓰임	
인칭대명사		지시대명사, 인칭대명사 it		
기타		수 개념 / 묘사 개념		비인칭 주어, 날씨
명령문	긍정문/부정문			
비인칭주어	대명사 it과 비인칭 주어 it			

반복 연습의 3일 구성으로 쓰기와 영어 공부 습관의 두 마리 토끼 잡기

1일 단어, 문장의 규칙

단어의 특성, 단어가 문장을 이루는 규칙을 배우는 하루
⊕
규칙(문법) 설명 + 골라 보면 문법이 저절로

▶

2일 문장으로 확인하기

배운 규칙을 문장 속에서 익히며 쓰는 훈련
⊕
문장을 비교하며 고르기 고쳐 쓰기, 배열하기, 바꿔 쓰기로 문장의 규칙 익히기

▶

3일 단어에서 문장쓰기까지 누적복습

단어 → 구문 → 문장쓰기의 3단계 누적복습하기
⊕
STEP ① 단어 확인하기
STEP ② 문장으로 규칙 확인
STEP ③ point별로 문장 쓰기

3 왜 초등영어 [문법부터] 해결한다가
영어 공부 습관 기르기인가?

매일 3일 영어 훈련 코스 영문법 규칙과 문장쓰기로 다져지는 매일 문법 훈련 코스

매일 **3**일 습관 만들기 코스

품사의 개념과 문장에서 이런 품사가
어떻게, 왜 변하는지 그 규칙들을 3일간
단어, 구문과 문장을 통해 쉽게 반복 훈련합니다.

기억 연상 실력 향상 코스
기초 TEST

테스트 문제를 풀면서 앞서 배운 문장
구조를 정확히 이해하고 있는지
확인해 보세요.

내 실력이 얼마나 향상되었는지
점검할 수 있어요.

내가 정확하게 알고 썼는지
궁금하다면 정답과 해석
확인하는 것을 잊지 마세요.

Structure

단어와 문장 규칙
➕ 규칙 적용 문장쓰기
➕ 3 단계 누적복습 시스템!

규칙 설명

영문법의 특성과 규칙을 알기 쉽게 이미지로 먼저 소개하고 친절하게 설명합니다. 영문법의 기초를 둘 중 하나를 고르거나 빈칸에 알맞은 말을 고르는 문제로 확인해요.

각 unit을 시작하기 전에 단어의 의미를 먼저 살펴볼 수 있어요. 매일 공부한 내용을 쓸 수 있는 공간도 있어요.

문장쓰기

두 문장의 의미나 형태를 비교하여 규칙의 쓰임을 명확하게 알 수 있어요.
여기에 단어를 배열하거나 주어진 단어를 이용하여 문장 전체를 써보는 writing 훈련을 할 수 있어요.

누적복습

3단계 누적 복습을 통해 배운 문법 규칙으로 저절로 문장이 써지고, 스스로 쓰고 싶어지게 돼요.

Contents

초등 3학년 추천 Basic Level 1, 2, 3 권을 모두 공부하면

초등 영문법의 기본기를 탄탄하게 다질 수 있어요!

Basic Level 1 목차

Basic Level 2 목차

5주만에 완성하기

Study Plan

스터디 플랜

😊 천천히 하고 싶은 친구들용

Day	학습 내용		체크
	PART 1		
01	**UNIT 1**	설명 + 고르면 바로 아는 문법	
02		문장으로 누적 연습, 문법 쓰기	
03		누적 복습	
04	**UNIT 2**	설명 + 고르면 바로 아는 문법	
05		문장으로 누적 연습, 문법 쓰기	
06		누적 복습	
07	**UNIT 3**	설명 + 고르면 바로 아는 문법	
08		문장으로 누적 연습, 문법 쓰기	
09		누적 복습	
10	**UNIT 4**	설명 + 고르면 바로 아는 문법	
11		문장으로 누적 연습, 문법 쓰기	
12		누적 복습	
13	**PART 1 기초 Test**		
	PART 2		
14	**UNIT 1**	설명 + 고르면 바로 아는 문법	
15		문장으로 누적 연습, 문법 쓰기	
16		누적 복습	
17	**UNIT 2**	설명 + 고르면 바로 아는 문법	
18		문장으로 누적 연습, 문법 쓰기	
19		누적 복습	
20	**UNIT 3**	설명 + 고르면 바로 아는 문법	
21		문장으로 누적 연습, 문법 쓰기	
22		누적 복습	
23	**UNIT 4**	설명 + 고르면 바로 아는 문법	
24		문장으로 누적 연습, 문법 쓰기	
25		누적 복습	
26	**PART 2 기초 Test**		

문법 공부가 처음인 친구들이라면 하루에 두 페이지씩 천천히 26일 동안 하는 플랜으로, 문법 공부를 해 보니까 너무 재미있어서 더 많이 하고 싶은 친구들이라면 10일 동안 하는 플랜으로 공부해 보세요. 중요한 건 꾸준히 하는 거예요.

☺ 더 많이 하고 싶은 친구들용

Day	학습 내용		체크
	PART 1		
01	**UNIT 1**	설명 + 고르면 바로 아는 문법	
		문장으로 누적 연습, 문법 쓰기	
		누적 복습	
02	**UNIT 2**	설명 + 고르면 바로 아는 문법	
		문장으로 누적 연습, 문법 쓰기	
		누적 복습	
03	**UNIT 3**	설명 + 고르면 바로 아는 문법	
		문장으로 누적 연습, 문법 쓰기	
		누적 복습	
04	**UNIT 4**	설명 + 고르면 바로 아는 문법	
		문장으로 누적 연습, 문법 쓰기	
		누적 복습	
05	**PART 1 기초 Test**		
	PART 2		
06	**UNIT 1**	설명 + 고르면 바로 아는 문법	
		문장으로 누적 연습, 문법 쓰기	
		누적 복습	
07	**UNIT 2**	설명 + 고르면 바로 아는 문법	
		문장으로 누적 연습, 문법 쓰기	
		누적 복습	
08	**UNIT 3**	설명 + 고르면 바로 아는 문법	
		문장으로 누적 연습, 문법 쓰기	
		누적 복습	
09	**UNIT 4**	설명 + 고르면 바로 아는 문법	
		문장으로 누적 연습, 문법 쓰기	
		누적 복습	
10	**PART 2 기초 Test**		

인칭대명사

인칭대명사에서
배울 내용

01
인칭대명사 공식 ①

02
인칭대명사 공식 ②

03
대명사 it, they

04
this / that, it

인칭대명사는 사람, 사물이나 동물의 이름으로 대신하여 쓰는 말이에요.
앞에 나온 명사의 이름을 반복하지 않기 위해 인칭대명사를 쓴답니다.

스스로 저절로 됩니다!

인칭대명사 공식 ①

He is my brother.
It is his pig.

DAY 1

● 오늘 내 점수는? ☆ ☆ ☆ ☆ ☆　　　　　　본문 pp.16~17

● 이런 걸 공부했어요.

_____

_____

_____

배운 내용을 써요!

DAY 2

● 오늘 내 점수는? ☆ ☆ ☆ ☆ ☆　　　　　　본문 pp.18~19

● 이런 걸 공부했어요.

_____

_____

_____

DAY 3

● 오늘 내 점수는? ☆ ☆ ☆ ☆ ☆　　　　　　본문 pp.20~21

● 이런 걸 공부했어요.

_____

_____

_____

busy
☑ 바쁜 　　□ 한가한

diligent
□ 게으른 　　□ 부지런한

hard
□ 쉬운 　　□ 열심히

lovely
□ 사랑 　　□ 사랑스러운

basket
□ 바구니 　　□ 상자

pretty
□ 똑똑한 　　□ 예쁜

정답 바쁜 · 열심히 · 바구니 · 부지런한 · 사랑스러운 · 예쁜

brother
□ 여동생 　　□ 남동생

farmer
□ 농부 　　□ 어부

sister
□ 여동생 　　□ 남동생

in the third grade
□ 2학년 　　□ 3학년

skirt
□ 바지 　　□ 치마

parents
□ 조부 　　□ 부모

정답 남동생 · 여동생 · 치마 · 농부 · 3학년 · 부모

cute
□ 귀여운 　　□ 커다란

cook
□ 요리사 　　□ 요리기구

in my class
□ 우리 반에 　　□ 우리 교실에

work
□ 일하다 　　□ 놀다

soccer player
□ 농구선수 　　□ 축구선수

in the basket
□ 바구니 　　□ 바구니 안에

정답 귀여운 · 우리 반에 · 축구선수 · 요리사 · 일하다 · 바구니 안에

01 인칭대명사 공식 ①

인칭대명사는 '나, 너, 그, 우리'처럼 (앞에 나온) 명사를 대신하는 **말**이에요.

I (나는)   **He** (그는)   **She** (그녀는)

1 (앞의) 명사를 대신해서 쓰는 인칭대명사 중 **문장의 앞에 나오는 주어**는 다음과 같아요.

하나, 한 사람 (단수)		둘 이상 (복수)	
I	나는	**We**	우리는
You	너는	**You**	너희들은
She	그녀는		
He	그는	**They**	그들은, 그것들은
It	그것은		

Kate is his sister. → She is his sister. Kate(그녀)는 그의 여동생이다.
주어   주어

2 **인칭대명사**는 주어와 누구의 것인지 나타내는 소유격으로 구별할 수 있어요.

✿ 인칭대명사는 의미와 쓰임에 따라 선택해야 해요.

하나, 한 사람 (단수)		둘 이상 (복수)	
주어	소유격	주어	소유격
I 나는	**my** 나의	**We** 우리는	**our** 우리의
You 너는	**your** 너의	**You** 너희들은	**your** 너희들의
She 그녀는	**her** 그녀의		
He 그는	**his** 그의	**They** 그들은, 그것들은	**their** 그들의, 그것들의
It 그것은	**its** 그것의		

● Mia is smart. She is **my** friend. 미아는 똑똑하다. 그녀는 나의 친구이다.

● Mia and Kate have a dog. They love **their** dog. 미아와 Kate는 개가 있다. 그들은 그들의 개를 사랑한다.

고르면 바로 아는 문법

STEP 1 인칭대명사 ❶

Mina ⇒ **She**

1 <u>Janet</u> is our teacher. ☐ He ☑ She

2 <u>Mom and Dad</u> are busy. ☐ You ☐ They

3 <u>Mr. Park</u> is in the library. ☐ He ☐ She

4 <u>Tom and I</u> are cooks. ☐ We ☐ They

5 <u>You and Joe</u> are friends. ☐ You ☐ We

의미에 맞게 인칭대명사를 고르세요.

STEP 2 인칭대명사 ❷

나의 친구 ⇒ **my friend**

1 _____ name is Jisu. (나의) ☐ I ☐ My

2 They are _____ bags. (그녀의) ☐ she ☐ her

3 _____ teacher is Ms. Park. (우리의) ☐ We ☐ Our

4 _____ sister is smart. (그의) ☐ He ☐ His

5 Tom and Jane are in _____ room. (그들의) ☐ they ☐ their

2 문장으로 누적연습

알맞은 말을 고르세요.

인칭대명사
확인하기

My name is Jack. ➊ 누구의 것인지를 나타내는 소유격이 쓰임

I am a writer. ➋ 문장 앞에 오는 것은 주어

---

1 수미와 미나는 우리의 여동생이다.

Sumi and Mina are | we / our | sisters.

우리는 3학년이다.

| We / Our | are in the third grade.

2 그의 아빠는 농부이다.

| He / His | dad is a farmer.

그는 열심히 일한다.

| He / His | works hard.

3 그들은 나의 사촌들이다.

They are | I / my | cousins.

나의 개도 그들을 사랑한다.

| I / My | dog loves them, too.

4 그들의 스커트는 예쁘다.

| They / Their | skirts are pretty.

그것들은 바구니 안에 있다.

| They / Their | are in the basket.

5 그들의 부모님은 의사이다.

| They / Their | parents are doctors.

그들은 늘 바쁘다.

| They / Their | are always busy.

6 수미는 그녀의 요리사이다.

Sumi is | she / her | cook.

그녀는 부지런하다.

| She / Her | is diligent.

밑줄 친 부분을 바르게 고쳐 문장을 다시 쓰세요.

> ~~She~~ dress is cute. 그녀의 드레스는 귀엽다.
>
> ⋯▶ Her dress is cute. → 누구의 것을 나타내기 때문에 She를 Her로 바꿔 쓰세요.

1 <u>Her</u> is in my class. 그녀는 우리 반이다.

⋯▶

2 <u>He</u> son is a soccer player. 그의 아들은 축구선수이다.

⋯▶

3 Jenny and Jen are <u>they</u> students. Jenny과 Jen은 그들의 학생이다.

⋯▶

4 <u>We</u> friends are lovely. 우리의 친구들은 사랑스럽다.

⋯▶

5 Mr. Brown is <u>you</u> teacher. Brown 씨가 너희들의 선생님이다.

⋯▶

6 Their sisters are busy. <u>Their</u> are cooks. 그들의 여동생들은 바쁘다. 그들은 요리사이다.

⋯▶

인칭대명사 ① 누적복습

STEP 1 단어 확인하기   단어 따라쓰기

01 **busy**   ☐ 빠른   ☑ 바쁜   busy

02 **writer**   ☐ 작가   ☐ 의사

03 **pretty**   ☐ 예쁜   ☐ 바쁜

04 **hard**   ☐ 똑똑한   ☐ 열심히

05 **basket**   ☐ 농구   ☐ 바구니

06 **lovely**   ☐ 사랑   ☐ 사랑스러운

07 **in the room**   ☐ 방에   ☐ 교실에

STEP 2 문장으로 보는 인칭대명사 공식 우리말에 맞게 써보세요.

(A)   He / His...   **is**   ~

01 그는 작가이다.   ····▶ _____

02 그의 개는 사랑스럽다.   ····▶ _____

(B)   She / Her...   **is**   ~

01 그녀는 예쁘다.   ····▶ _____

02 그녀의 친구는 방에 있다.   ····▶ _____

(C)   They / Their...   **are**   ~

01 그들은 나의 친구이다.   ····▶ _____

02 그들의 아들들은 바쁘다.   ····▶ _____

인칭대명사 point로 문장 쓰기

01   Amy와 Tom은 친구이다.   그들은 친구이다.

Amy and Tom are friends.

_____

02   Brown 씨는 나의 선생님이다.   그는 나의 선생님이다.

Mr. Brown is my teacher.

_____

03   내 부모는 농부이다.   그들은 농부이다.

My parents are farmers.

_____

04   Jenny와 나는 같은 팀에 있다.   우리는 같은 팀에 있다.

Jenny and I are on the same
team.

_____

05   너와 미나는 3학년이다.   너희들은 3학년이다.

You and Mina are in the third
grade.

_____

06   Jane은 나의 여동생이다.   그녀는 나의 여동생이다.

Jane is my sister.

_____

Day 4.5.6

스스로 저절로 됩니다!

인칭대명사 공식 ②

He eats it.

● 오늘 내 점수는? ☆ ☆ ☆ ☆ ☆   본문 pp.24~25

● 이런 걸 공부했어요.

DAY
4

배운 내용을 써요!

_____

_____

_____

_____

● 오늘 내 점수는? ☆ ☆ ☆ ☆ ☆   본문 pp.26~27

● 이런 걸 공부했어요.

DAY
5

_____

_____

_____

_____

● 오늘 내 점수는? ☆ ☆ ☆ ☆ ☆   본문 pp.28~29

● 이런 걸 공부했어요.

DAY
6

_____

_____

_____

_____

chair
☑ 의자　　　□ 책상

teach
□ 가르치다　　　□ 선생님

pencil
□ 볼펜　　　□ 연필

homework
□ 심부름　　　□ 숙제

need
□ 필요하다　　　□ 버리다

want
□ 원하다　　　□ 필요하다

정답 의자 · 연필 · 필요하다 · 가르치다 · 숙제 · 원하다

---

do homework
□ 집안일 하다　　　□ 숙제하다

look like
□ ~을 보다　　　□ ~을 닮다

know
□ 알다　　　□ 모르다

remember
□ 잊다　　　□ 기억하다

drink
□ 먹다　　　□ 마시다

study
□ 일하다　　　□ 공부하다

정답 숙제하다 · 알다 · 마시다 · ~을 닮다 · 기억하다 · 공부하다

---

egg
□ 달걀　　　□ 식빵

fruit
□ 과일　　　□ 채소

look at
□ ~을 보다　　　□ ~을 하다

hate
□ 좋아하다　　　□ 싫어하다

draw
□ 쓰다　　　□ 그리다

clean
□ 지저분하다　　　□ 청소하다

정답 달걀 · ~을 보다 · 그리다 · 과일 · 싫어하다 · 청소하다

인칭대명사 공식 ②

명사(이름)를 대신하는 **인칭대명사**는 문장 앞에서는 주어, 동사 다음에는 목적어 형태로 써요.

Pete	loves	his friends.

↓ 그는   ↓ 그들을

He	loves	them.

그는 그들을 사랑한다.

1   문장 앞에 나오는 **주어**와 **동사 뒤에 오는 목적어**에 맞게 인칭대명사를 써야 해요.

하나, 한 사람 (단수)		둘 이상 (복수)	
주어 (문장 앞에 위치)	목적어 (동사 다음에 옴)	주어	목적어
I 나는	**me** 나를	**We** 우리는	**us** 우리를
You 너는	**you** 너를	**You** 너희들은	**you** 너희들을
She 그녀는	**her** 그녀를		
He 그는	**him** 그를	**They** 그들은, 그것들은	**them** 그들을, 그것들을
It 그것은	**it** 그것을		

> ✹ 인칭대명사는 문장 안에서의 위치와 의미에 따라 선택해요.

<u>Kate</u> needs <u>bread</u>. → <u>She</u> needs <u>it</u>.   Kate(그녀)는 빵(그것)을 필요로 한다.
                 주어   ↑목적어

2   명사의 성별, 수에 따라 **인칭대명사**의 **주어**와 **목적어**가 달라져요.

	주어	목적어		주어	목적어
Paul, brother, dad (남자)	He	him	Paul and Mina, students (여러 명) cats, chairs, pencils (여러 개 / 마리)	They	them
Mina, sister, mom (여자)	She	her	you and I, Paul and I (나(I)와 다른 사람)	We	us
cat, chair, pencil (동물, 물건)	It	it	you and Min, you and Jim (너(you)와 다른 사람)	You	you

● <u>Mia</u> likes <u>Amy</u>. → <u>She</u> likes <u>her</u>.   미아(그녀)는 Amy(그녀)를 좋아한다.

● <u>Mia and I</u> have <u>two dogs</u>. → <u>We</u> have <u>them</u>.   미아와 나(우리)는 개 두 마리(그것들)가 있다.

고르면 바로 아는 문법

알맞은 인칭대명사를 고르세요.

STEP 1 인칭대명사 ①

Mina is my sister. ➡ **She** is my sister.

1 _____ **has a dog.** (그는) ☑ He ☐ Him

2 _____ **eats pizza.** (그녀는) ☐ She ☐ Her

3 _____ **do my homework.** (나는) ☐ I ☐ Me

4 _____ **likes Joe.** (그들은) ☐ They ☐ Them

5 _____ **want the cat.** (우리는) ☐ We ☐ Us

의미에 맞게 인칭대명사를 고르세요.

STEP 2 인칭대명사 ②

He loves cats. ➡ **them**

1 _____ **know him.** 나는 그를 안다. ☐ I ☐ Me

2 **He remembers** _____ . 그는 그들을 기억한다. ☐ they ☐ them

3 _____ **drinks juice.** 그녀는 주스를 마신다. ☐ She ☐ Her

4 **They look like** _____ . 그들은 그녀를 닮았다. ☐ she ☐ her

5 _____ **study English.** 우리는 영어를 공부한다. ☐ We ☐ Us

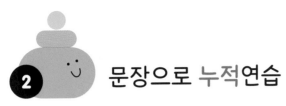

문장으로 누적연습

알맞은 인칭대명사를 쓰세요.

인칭대명사
확인하기

They	···➔

❶ 주어진 인칭대명사
살펴보기

_____They_____ want apples.

Mina wants ___them___ .

❷ 의미, 위치에 따라 알맞은
인칭대명사 쓰기

---

1   **I**   ···➔

_____ like him. 나는 그를 좋아한다.

He likes _____. 그는 나를 좋아한다.

---

2   **It**   ···➔

_____ eats fruits. 그것은 과일을 먹는다.

Amy eats _____. Amy는 그것을 먹는다.

---

3   **They**   ···➔

_____ need eggs. 그들은 달걀을 필요로 한다.

He needs _____. 그는 그것들을 필요로 한다.

---

4   **He**   ···➔

_____ looks at Tom. 그는 Tom을 본다.

Joe looks at _____. Joe는 그를 본다.

---

5   **She**   ···➔

_____ draws many paintings. 그녀는 많은 그림을 그린다.

Amy draws _____. Amy는 그녀를 그린다.

---

6   **You**   ···➔

_____ love sandwiches. 너는 샌드위치를 아주 좋아한다.

We love _____ sandwiches. 우리는 너의 샌드위치가 아주 좋다.

배열해 보는 문법쓰기 ③

인칭대명사에 주의하여 주어진 단어를 배열하여 쓰세요.

> my, likes, she, dog (그녀는 내 개를 좋아해.)
>
> ⋯▸ [She] likes my dog. → 주어인 인칭대명사를 먼저 찾으세요.

1 teach, I, English (나는 영어를 가르친다.)

⋯▸

2 teacher, his, them, loves (그의 선생님은 그들을 사랑한다.)

⋯▸

3 hates, he, it (그는 그것을 싫어한다.)

⋯▸

4 watch, it, they, on TV (그들은 그것을 TV로 본다.)

⋯▸

5 their, clean, we, rooms (우리는 그들의 방을 청소한다.)

⋯▸

6 remember, him, doesn't, she (그녀는 그를 기억하지 못한다.)

⋯▸

인칭대명사 ② 누적복습

STEP 1 단어 확인하기   단어 따라쓰기

01   **hate**   ☑ 싫어하다   ☐ 좋아하다   hate

02   **remember**   ☐ 잊다   ☐ 기억하다

03   **look like**   ☐ ~을 보다   ☐ ~을 닮다

04   **want**   ☐ 원하다   ☐ 필요하다

05   **look at**   ☐ ~을 보다   ☐ ~을 닮다

06   **study**   ☐ 공부하다   ☐ 가르치다

07   **draw**   ☐ 그리다   ☐ 정리하다

STEP 2 **문장으로 보는 인칭대명사** 우리말에 맞게 써보세요.

(A)   He / him

01   그는 그것을 싫어한다.   ⋯▸ _____ hates it.

02   나는 그를 기억한다.   ⋯▸ I remember _____.

(B)   She / her

01   그녀는 그를 좋아한다.   ⋯▸ _____ likes him.

02   나는 그녀를 좋아한다.   ⋯▸ I like _____.

(C)   They / them

01   그들은 그림을 그린다.   ⋯▸ _____ draw paintings.

02   나는 그들을 닮았다.   ⋯▸ I look like _____.

인칭대명사 point로 문장 쓰기

01 그는 내 책을 원한다.

_____ wants my book.

그는 그것을 원한다.

_____

02 그녀는 내 친구이다. 나는 그녀를 좋아한다.

_____ is my friend.

I like _____.

그들은 그의 친구들이다. 그들은 그를 좋아한다.

_____

_____

03 그들은 Joe를 기억한다.

_____ remember Joe.

그들은 그를 기억한다.

_____

04 우리는 개들을 본다.

_____ look at dogs.

우리는 그것들을 본다.

_____

05 나는 달걀을 필요로 한다.

_____ need eggs.

그들은 그것들을 필요로 한다.

_____

06 너는 내 여동생을 닮았다.

_____ look like my sister.

너는 그녀를 닮았다.

_____

스스로 저절로 됩니다!

대명사 it, they 공식

It is my cat.

본문 pp.32~33

DAY 7

● 오늘 내 점수는? ☆ ☆ ☆ ☆ ☆
● 이런 걸 공부했어요.

배울 내용을 써요!

본문 pp.34~35

DAY 8

● 오늘 내 점수는? ☆ ☆ ☆ ☆ ☆
● 이런 걸 공부했어요.

본문 pp.36~37

DAY 9

● 오늘 내 점수는? ☆ ☆ ☆ ☆ ☆
● 이런 걸 공부했어요.

heavy
☐ 가벼운   ☑ 무거운

sunny
☐ (날씨가) 흐린   ☐ (날씨가) 맑은

Monday
☐ 월요일   ☐ 화요일

small
☐ 큰   ☐ 작은

summer
☐ 여름   ☐ 겨울

rainy
☐ 비 오는   ☐ 눈 오는

정답 무거운 · 월요일 · 여름 · (날씨가) 맑은 · 작은 · 비 오는

Sunday
☐ 일요일   ☐ 수요일

rabbit
☐ 토끼   ☐ 고양이

winter
☐ 여름   ☐ 겨울

look
☐ 보이다   ☐ 듣다

new
☐ 새로운   ☐ 오래된

sleepy
☐ 자다   ☐ 졸린

정답 일요일 · 겨울 · 새로운 · 토끼 · 보이다 · 졸린

dirty
☐ 깨끗한   ☐ 더러운

clean
☐ 깨끗한   ☐ 더러운

weather
☐ 날짜   ☐ 날씨

June
☐ 6월   ☐ 7월

snowy
☐ 비 오는   ☐ 눈 오는

fall
☐ 봄   ☐ 가을

정답 더러운 · 날씨 · 눈 오는 · 깨끗한 · 6월 · 가을

03 대명사 it, they 공식

it은 '그것'이라는 대명사이지만 날씨, 시간 등을 말할 때도 써요.

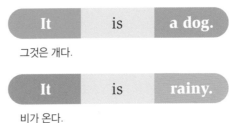

| It | is | a dog. |

그것은 개다.

| It | is | rainy. |

비가 온다.

1 물건이나 동물을 가리킬 때 대명사 *it, they*는 다음과 같이 써요.

하나의 사물, 동물 → it	여러 사물, 동물 → they
I have a box. **It** is heavy. 그것은 무겁다. I see a cat. **It** is cute. 그것은 귀엽다.	I have boxes. **They** are heavy. 그것들은 무겁다. I see cats. **They** are cute. 그것들은 귀엽다.

● Is the dog okay?   - Yes, it is.   그 개는 괜찮니? - 응, 괜찮아.
● Are the dogs okay? - Yes, they are.   그 개들은 괜찮니? - 응, 괜찮아.

QUIZ O / X로 표시

He likes a butterfly.
They are beautiful.   O / X

정답 X

2 대명사 *it*은 다음과 같이 써요.

두 가지로 쓰이는 **it**	인칭대명사 it	앞에서 언급된 사물, 동물을 대신할 때 써요. ● Look at the dog! **It** is really small. 저 개를 봐! 그것은 정말 작다.	
	비인칭 주어 it	날씨, 시간, 거리, 온도, 날짜, 계절 등 말할 때 써요.	
		시간	It is 10:30.	10시 30분이다.
		날짜	It's Monday. It's June 20.	월요일이다. 6월 20일이다.
		계절	It's summer now.	지금은 여름이다.
		거리	It's 10 km from here.	여기서 10km이다.
		날씨	It is sunny today.	오늘은 날씨가 맑다.

고르면 바로 아는 문법

STEP 1 It과 They의 구별 ❶

I have │ a pen. │ → │ It │ **is blue.**

1 I have <u>a dog</u>. _____ big.　　　　　☑ It is　　☐ They are

2 <u>Rabbits</u> look small. _____ cute.　　☐ It is　　☐ They are

3 She has <u>many books</u>. _____ in her room.　☐ It is　　☐ They are

4 He wants <u>my pencil</u>. _____ new.　　☐ It is　　☐ They are

5 Look at <u>the tiger</u>. _____ sleepy.　　☐ It is　　☐ They are

STEP 2 It과 They의 구별 ❷

│ It │ is │ **cloudy.**

1 _____ rainy today.　　☑ It is　　☐ They are

2 _____ my bags.　　☐ It is　　☐ They are

3 _____ my balls.　　☐ It is　　☐ They are

4 _____ Sunday.　　☐ It is　　☐ They are

5 _____ winter.　　☐ It is　　☐ They are

2 문장으로 누적연습

대화의 내용에 맞게 알맞은 말을 고르세요.

인칭대명사
확인하기

| **A** Is your table clean? | ❶ 질문의 주어 찾기 |
| **B** Yes, it is. | ❷ 알맞은 인칭대명사 고르기 |

1 **A** Are desks dirty?
책상들은 더럽니?

B Yes, | it is / they are | .
응, 그래.

2 **A** How is the weather?
날씨가 어떠니?

B | It is / They are | snowy.
눈이 와.

3 **A** What is the date today?
오늘 며칠이니?

B | It is / They are | June 30.
6월 30일이야.

4 **A** What day is it?
무슨 요일이니?

B | It is / They are | Tuesday.
화요일이야.

5 **A** Is the book for students?
이 책은 학생들을 위한 것이니?

B Yes, | it is / they are | .
응, 그래.

6 **A** What time is it?
몇 시니?

B | It is / They are | 3 o'clock.
3시야.

주어진 단어로 ·· 문법쓰기

우리말에 맞게 인칭대명사를 이용하여 쓰세요.

날씨가 맑다. (sunny)

···▶ | It is | sunny. → 날씨를 나타낼 때는 it을 쓰세요.

1 그것들은 내 강아지들이다. (my dogs)

···▶

2 지금 가을이다. (fall now)

···▶

3 오늘 날씨가 춥다. (cold today)

···▶

4 지금 4시이다. (4 now)

···▶

5 그것들은 더럽지 않다. (not dirty)

···▶

6 그것은 매우 작다. (very small)

···▶

대명사 it, they 누적복습

STEP 1 단어 확인하기

단어 따라쓰기

01	heavy	□ 가벼운	☑ 무거운
02	clean	□ 깨끗한	□ 더러운
03	dirty	□ 깨끗한	□ 더러운
04	weather	□ 날짜	□ 날씨
05	snowy	□ 비 오는	□ 눈 오는
06	rainy	□ 비 오는	□ 눈 오는
07	Tuesday	□ 화요일	□ 수요일

heavy

STEP 2 문장으로 보는 대명사 it, they 우리말에 맞게 써보세요.

(A) It is ~

01 그것은 무겁다.   ┅┅▶ _____

02 그것은 깨끗하다.   ┅┅▶ _____

(B) It is ~

01 비가 온다.   ┅┅▶ _____

02 가을이다.   ┅┅▶ _____

(C) They are ~

01 그것들은 그들의 책상들이다.   ┅┅▶ _____

02 그것들은 내 가방들이다.   ┅┅▶ _____

STEP 3 대명사 it, they point로 문장 쓰기

01   그것은 무겁다.

It is heavy.

그것들은 무겁다.

_____

02   눈이 온다.

It is snowy.

비가 온다.

_____

03   오늘은 일요일이다.

It is Sunday today.

오늘은 화요일이다.

_____

04   5월 5일이다.

It is May 5.

5월 7일이다.

_____

05   저 개를 봐. 그것은 귀엽다.

Look at the dog.

It is cute.

저 개들을 봐. 그것들은 귀엽다.

Look at the dogs.

_____

06   그것은 학생들을 위한 것이다.

It is for students.

그것들은 학생들을 위한 것이다.

_____

스스로 저절로 됩니다!

this / that, it 공식

This is a tree.

DAY 10

- 오늘 내 점수는? ☆ ☆ ☆ ☆ ☆
- 이런 걸 공부했어요.

본문 pp.40~41

배운 내용을 써요!

_____

_____

_____

_____

DAY 11

- 오늘 내 점수는? ☆ ☆ ☆ ☆ ☆
- 이런 걸 공부했어요.

본문 pp.42~43

_____

_____

_____

_____

DAY 12

- 오늘 내 점수는? ☆ ☆ ☆ ☆ ☆
- 이런 걸 공부했어요.

본문 pp.44~45

_____

_____

_____

_____

date
☑ 날짜 ☐ 날씨

toy car
☐ 장난감 ☐ 장난감 차

what day
☐ 무슨 요일 ☐ 무슨 날씨

dish
☐ 접시 ☐ 부엌

what time
☐ 몇 시 ☐ 몇 개

star
☐ 별 ☐ 달

정답 날짜 · 무슨 요일 · 몇 시 · 장난감 차 · 접시 · 별

today
☐ 오늘 ☐ 내일

potato
☐ 감자 ☐ 고구마

robot
☐ 로봇 ☐ 장난감

leaf
☐ 뿌리 ☐ 나뭇잎

bicycle
☐ 자동차 ☐ 자전거

hamburger
☐ 빵 ☐ 햄버거

정답 오늘 · 로봇 · 자전거 · 감자 · 나뭇잎 · 햄버거

Wednesday
☐ 수요일 ☐ 목요일

train
☐ 안경 ☐ 기차

comic book
☐ 소설책 ☐ 만화책

these
☐ 이것들 ☐ 저것들

seat
☐ 좌석 ☐ 책상

those
☐ 이것들 ☐ 저것들

정답 수요일 · 만화책 · 좌석 · 기차 · 이것들 · 저것들

04 this/that, it 공식

this / that은 지시대명사로 가까이 또는 멀리 있는 것을 말할 때 써요.

| This | is | a rabbit. |

이것은 토끼이다.

| That | is | a cat. |

저것은 고양이다.

① this / that은 '이것, 저것'이라고 가리키는 말로 거리와 수에 따라 다르게 써요.

	가깝거나 먼 거리	둘 이상	
this(이것은)	가까운 곳에 있는 것을 가리킬 때 써요.	these(이것들은)	
that(저것은)	먼 곳에 있는 것을 가리킬 때 써요.	those(저것들은)	

this/that, these/those는 사람을 가리키면서 쓸 수도 있어요.

● This is my friend. 이 애는 내 친구야.

● **This is** a train. 이것은 기차이다.　　**These** (is̶ / **are**) trains. 이것들은 기차이다.

● **That is** a toy car. 저것은 장난감 차이다.　　**Those** (is̶ / **are**) toy cars. 저것들은 장난감 차이다.

② 날씨, 날짜, 요일을 묻고 답할 때 **비인칭 주어 it**의 쓰임을 알아보세요.

날씨 묻고 답하기	**How is the weather** today? - **It is** rainy today.	오늘 날씨는 어때? 오늘은 비가 와.
요일 묻고 답하기	**What day is it**? - **It is** Sunday.	무슨 요일이니? 일요일이야.
날짜 묻고 답하기	**What's the date today**? - **It is** May 29.	오늘 며칠이니? 5월 29일이야.
시간 묻고 답하기	**What time is it** now? - **It is** 4:30 now.	지금 몇 시니? 지금 4시 30분이야.

> ✦ 요일, 월은 꼭 대문자로
> 써야 해요.
> ex. Tuesday(화요일)
> July(7월)

고르면 바로 아는 문법

거리에 따른 지시대명사를 고르세요.

STEP 1 지시대명사

this	⟷	that
these		those

1 _____ a robot. ☑ This is ☐ These are

2 _____ cookies. ☐ That is ☐ Those are

3 _____ my rabbit. ☐ This is ☐ These are

4 _____ potatoes. ☐ That is ☐ Those are

질문에 알맞은 답을 고르세요.

STEP 2 비인칭 주어 it

It is Sunday.

1 **What day is it today?** ☐ It is 10:15. ☐ It is Monday.

2 **How is the weather?** ☐ It is snowy. ☐ It is May 12.

3 **What is the date today?** ☐ It is 9:00. ☐ It is May 7.

4 **What time is it?** ☐ It is 10:20. ☐ It is Sunday.

② 문장으로 누적연습

알맞은 말을 고르세요.

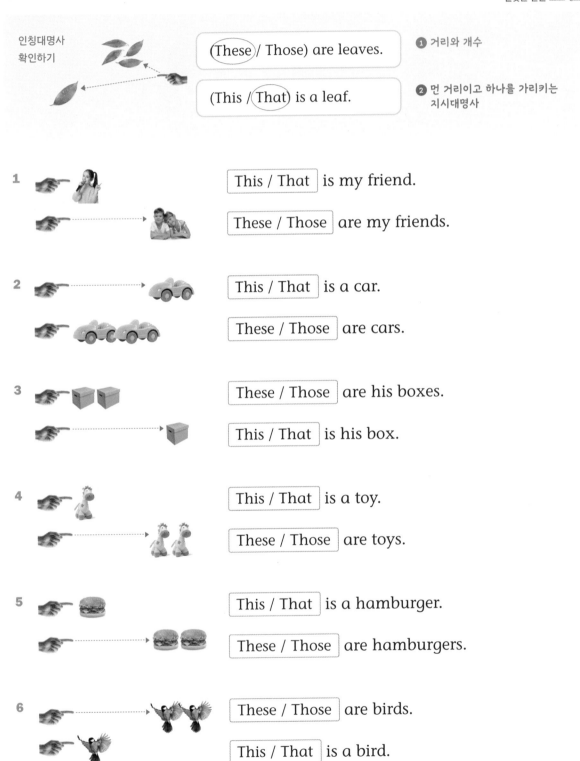

인칭대명사
확인하기

(These / Those) are leaves.

❶ 거리와 개수

(This / That) is a leaf.

❷ 먼 거리이고 하나를 가리키는
지시대명사

1 This / That is my friend.

   These / Those are my friends.

2 This / That is a car.

   These / Those are cars.

3 These / Those are his boxes.

   This / That is his box.

4 This / That is a toy.

   These / Those are toys.

5 This / That is a hamburger.

   These / Those are hamburgers.

6 These / Those are birds.

   This / That is a bird.

배열해 보는 문법쓰기

주어진 단어를 배열하고 우리말을 쓰세요.

is, today, it, Wednesday ···▸ It is Wednesday today.

오늘은 수요일이다. ⟶ 날씨, 요일, 날짜의 it은 해석하지 않아요.

_____

1 day, what, it, is, ? ···▸

_____

2 comic books, those, my, are ···▸

_____

3 today, it, rainy, is ···▸

_____

4 the date, today, what, is, ? ···▸

_____

5 our, are, seats, these ···▸

_____

6 is, my, this, bicycle ···▸

_____

this/that, it 공식 누적복습

STEP **1** 단어 확인하기   단어 따라쓰기

01	**bicycle**	☐ 자동차	☑ 자전거	bicycle
02	**date**	☐ 날씨	☐ 날짜	
03	**toy**	☐ 인형	☐ 장난감	
04	**robot**	☐ 모자	☐ 로봇	
05	**comic book**	☐ 동화책	☐ 만화책	
06	**Wednesday**	☐ 수요일	☐ 목요일	
07	**leaf**	☐ 뿌리	☐ 나뭇잎	

STEP **2** 문장으로 보는 this/that, it   우리말에 맞게 써보세요.

(A)   This / That   is   ~

01   저것은 로봇이다.   ····▶ _____

02   이것은 자전거이다. ····▶ _____

(B)   These / Those   are   ~

01   이것들은 만화책이다. ····▶ _____

02   저것들은 나뭇잎들이다. ····▶ _____

(C)   It   is   ~

01   수요일이다. ····▶ _____

02   10시 30분이다. ····▶ _____

this/that, it point로 문장 쓰기

01   이것은 자동차이다.

This is a car.   ···▶ _____

이것들은 자동차들이다.
_____

02   저것은 공이다.

That is a ball.   ···▶ _____

저것들은 공들이다.
_____

03   이것들은 내 가방들이다.

These are my bags.   ···▶ _____

저것들은 내 가방들이다.
_____

04   그것은 내 토끼이다.

It is my rabbit.   ···▶ _____

그것들은 내 토끼들이다.
_____

05   오늘 날씨가 어때?

How is the weather today? ···▶ _____

오늘 며칠이니?
_____

06   몇 시니?

What time is it?   ···▶ _____

무슨 요일이니?
_____

인칭대명사

1교시

( )초등학교 ( )학년 ( )반 ( )번 이름( )

1 다음 그림을 보고, 빈칸에 들어갈 알맞은 인칭대명사를 쓰세요.

1

This is _____ brother.   이쪽은 나의 오빠이다.

_____ is smart.   그는 똑똑하다.

2

Jin is _____ teacher.   Jin은 우리 선생님이다.

_____ is kind.   그녀는 친절하다.

We love _____.   우리는 그녀를 사랑한다.

3

Tom and Joan are cooks.   Tom과 Joan은 요리사이다.

_____ are always busy.   그들은 항상 바쁘다.

_____ love _____ work.   그들은 그들의 일을 사랑한다.

4

Jen and I are friends.   Jen과 나는 친구이다.

_____ are close.   우리는 친하다.

5

This is _____ pig.   이쪽은 그의 돼지이다.

_____ is very cute.   그것은 매우 귀엽다.

2 다음 밑줄 친 부분을 알맞은 인칭대명사로 바꿔 문장을 다시 쓰세요.

① John is our teacher. → _____

② The students are cute. → _____

③ My friend and I study math. → _____

④ He teaches my friend and me. → _____

⑤ Jane is a student in our class. → _____

3 다음 그림을 보고, 틀린 부분을 고쳐 쓰세요.

①

A Is this your box?
B No, I'm not. → _____

②

A Do you have apples?
B No. I don't have it. → _____

③

A How is the weather today?
B He is cold. → _____

④

A What day is it?
B It is 9. → _____

⑤

A Are Aron and you soccer
   players?
B Yes, they are. → _____

4 다음 보기에서 알맞은 말을 골라 쓰세요.

> it   them   their   they

1
- I have two cats. I love _____.
- This is a fox. _____ has a long tail.
- You can see books. _____ are new.

2
- _____ is Sunday.
- The students have _____ lunch box.
- Jin and Jenny are 10 years old. _____ are in the third grade.

3
- That is my teddy bear. _____ is dirty.
- Mia and Min are students. _____ teacher is Ms. Kim.
- What time is _____ now?

5 주어진 단어를 배열하여 문장을 완성하고 우리말로 쓰세요.

1
> is   a car   this

→ (문장) _____

→ (우리말) _____

2
> those   their   are   umbrellas

→ (문장) _____

→ (우리말) _____

3
> is   my   this   toy car

→ (문장) _____

→ (우리말) _____

6 다음 주어진 단어를 이용하여 문장을 완성하세요.

1 | I |

- _____ dad loves my brother and _____.

- _____ go to church with _____ family.

- My name is Pam. _____ love my family.

2 | They |

- Mia and Min are _____ friends.

- _____ live in Busan.

- Lora and Nick are my friends. I like _____.

3 | She |

- _____ shoes are very small.

- Tomorrow is _____ birthday.

- This is your umbrella. That is _____ umbrella.

- This is Mary. _____ is from France.

7 알맞은 말을 골라 동그라미 하세요.

1 Those are (she / her) shoes. (It / They) are black.

2 She loves (she / her) dog.

3 (I / My) phone is slow.

4 This is (you / your) voice. (It / they) is really soft.

5 We remember (they / their / them) all the time.

6 (We / Our) make a lot of cookies.

형용사 / 부사 / 명령문

형용사, 부사, 명령문에서
배울 내용

01
형용사

02
수량 형용사

03
부사

04
명령문

명사를 꾸며주는 **형용사**와 동사 등을 꾸며주는 **부사**는 문장의 의미를
명확하게 해줘요. 동사로 문장을 시작하는 **명령문**의 쓰임도 알아보아요.

스스로 저절로 됩니다!

형용사 공식

It is a big rabbit.

DAY 13

● 오늘 내 점수는? ☆ ☆ ☆ ☆ ☆

● 이런 걸 공부했어요.

본문 pp. 54~55

_____
_____
_____
_____

배운 내용을 써요!

DAY 14

● 오늘 내 점수는? ☆ ☆ ☆ ☆ ☆

● 이런 걸 공부했어요.

본문 pp.56~57

_____
_____
_____
_____

DAY 15

● 오늘 내 점수는? ☆ ☆ ☆ ☆ ☆

● 이런 걸 공부했어요.

본문 pp.58~59

_____
_____
_____
_____

little
- ☐ 큰
- ☑ 작은

big
- ☐ 큰
- ☐ 작은

soft
- ☐ 딱딱한
- ☐ 부드러운

hard
- ☐ 딱딱한
- ☐ 부드러운

slow
- ☐ 빠른
- ☐ 느린

fast
- ☐ 빠른
- ☐ 느린

정답 작은 · 큰 · 부드러운 · 딱딱한 · 느린 · 빠른

tall
- ☐ 키가 큰
- ☐ 키가 작은

blue
- ☐ 빨간
- ☐ 파란

red
- ☐ 빨간
- ☐ 파란

great
- ☐ 훌륭한
- ☐ 형편없는

excited
- ☐ 재미없는
- ☐ 신이 난

sweet
- ☐ 맛이 짠
- ☐ 달콤한

정답 키가 큰 · 파란 · 빨간 · 훌륭한 · 신이 난 · 달콤한

wild
- ☐ 실내의
- ☐ 야생의

angry
- ☐ 행복한
- ☐ 화가 난

fresh
- ☐ 신선한
- ☐ 오래된

bright
- ☐ 밝은
- ☐ 어두운

moon
- ☐ 달
- ☐ 별

in the sky
- ☐ 땅에
- ☐ 하늘에

정답 야생의 · 화가 난 · 신선한 · 밝은 · 달 · 하늘에

01 형용사 공식

형용사는 사람 · 사물 · 동물의 특징을 나타내는 말이에요.

big 큰	happy 행복한	red 빨간
small 작은	sad 슬픈	yellow 노란

1 형용사는 'red(빨간), tall(큰), happy(행복한)'처럼 색, 크기, 느낌 등을 말해요.

크기	short 작은 tall 큰		움직임	slow 느린 fast 빠른	
색깔	green 녹색 red 빨간		느낌	soft 부드러운 hard 딱딱한	
모양	cute 귀여운 pretty 예쁜		감정	sad 슬픈 happy 행복한	

2 형용사는 다음과 같이 써요.

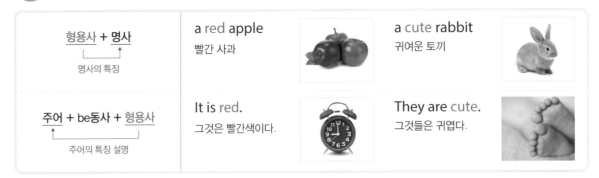

형용사 + 명사 명사의 특징	a red apple 빨간 사과	a cute rabbit 귀여운 토끼
주어 + be동사 + 형용사 주어의 특징 설명	It is red. 그것은 빨간색이다.	They are cute. 그것들은 귀엽다.

- She is a smart girl. 그녀는 똑똑한 여자아이다.
- She is smart. 그녀는 똑똑하다.

✿ 형용사가 명사 앞이나 be동사 뒤에
오는 것을 기억하세요!

고르면 바로 아는 문법

STEP 1 형용사

He   is   **tall.**

1 She is a cute girl.   ☑ cute   ☐ girl

2 He is smart.   ☐ He   ☐ smart

3 Rabbits are fast.   ☐ Rabbits   ☐ fast

4 It is a big elephant.   ☐ big   ☐ elephant

5 Mark is sad.   ☐ Mark   ☐ sad

STEP 2 형용사의 위치

hot ➡ The soup ☐ is ☑.

1 black   ┈⟶   The ☐ shoes are ☐ new.

2 small   ┈⟶   They ☐ are ☐ bags.

3 great   ┈⟶   She ☐ is a ☐ teacher.

4 happy   ┈⟶   My sister ☐ is ☐.

5 fast   ┈⟶   Tom and Jane ☐ are ☐.

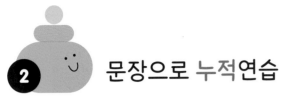

문장으로 누적연습

주어진 단어를 알맞은 곳에 넣어 문장을 다시 쓰세요.

형용사
확인하기

She is a pianist. (great) ⋯▶ She is a | great | pianist.

❶ 주어진 단어를 알맞은
위치에 넣기

그녀는 피아니스트이다. ⋯▶ 그녀는 위대한 피아니스트이다.

❷ 우리말로 다시 확인하기

---

1 It is a <u>tree</u>. (big) ⋯▶

그것은 나무이다. 그것은 큰 나무이다.

2 The <u>flower</u> is beautiful. (wild) ⋯▶

그 꽃은 아름답다. 그 야생화는 아름답다.

3 The <u>moon</u> is in the sky. (bright) ⋯▶

달이 하늘에 있다. 밝은 달이 하늘에 있다.

4 The <u>book</u> is fun. (new) ⋯▶

그 책은 재미있다. 그 새 책은 재미있다.

5 The skirt is <u>short</u>. (white) ⋯▶

그 치마는 짧다. 그 치마는 하얀색이다.

6 She is <u>angry</u>. (hungry) ⋯▶

그녀는 화가 난다. 그녀는 배가 고프다.

배열해 보는 문법쓰기

주어진 단어를 배열하여 쓰세요.

> is, a, boy, he, smart (그는 똑똑한 남자아이이다.)
>
> ⋯▸ He is a smart boy .

1 is, kind, my sister (내 여동생은 친절하다.)

⋯▸

2 is, wild, small, the, flower (그 야생화는 작다.)

⋯▸

3 fresh, they, fruits, are (그것들은 신선한 과일이다.)

⋯▸

4 great, he, a, writer, is (그는 위대한 작가이다.)

⋯▸

5 red, is, cute, the, dress (그 빨간 드레스는 귀엽다.)

⋯▸

6 beautiful, the, sky, is, blue (그 파란 하늘은 아름답다.)

⋯▸

형용사 공식 누적복습

STEP 1
단어 확인하기   단어 따라쓰기

01	big	☑ 큰	☐ 작은	big
02	small	☐ 큰	☐ 작은	
03	slow	☐ 느린	☐ 빠른	
04	fast	☐ 느린	☐ 빠른	
05	short	☐ 긴	☐ 짧은	
06	bright	☐ 밝은	☐ 어두운	
07	wild	☐ 온실의	☐ 야생의	

STEP 2
문장으로 보는 형용사 우리말에 맞게 써보세요.

(A) 형용사 + 명사   is   ~

01 그 작은 개는 귀엽다.　　⋯▶ The _____ cute.

02 그 큰 개는 느리다.　　⋯▶ The _____ slow.

(B) She / He   is   형용사   ~

01 그녀는 예쁘다.　　⋯▶ _____

02 그는 빠르다.　　⋯▶ _____

(C) 형용사 + 명사   are   ~

01 작은 개들은 귀엽다.　　⋯▶ _____ cute.

02 밝은 별들이 하늘에 있다.　　⋯▶ _____ in the sky.

형용사 point로 문장 쓰기

01   그는 남자아이이다.   그는 어린 남자아이이다. (little)

    He is a boy.   ···▸ _____

02   그것은 치마이다.   그것은 짧은 치마이다. (short)

    It is a skirt.   ···▸ _____

03   나는 슬프다.   나는 행복하다. (happy)

    I am sad.   ···▸ _____

04   Jenny는 똑똑한 학생이다.   Jenny는 키가 큰 학생이다. (tall)

    Jenny is a smart student.   ···▸ _____

05   너는 친절하다.   너는 아름답다. (beautiful)

    You are kind.   ···▸ _____

06   달은 하늘에 있다.   밝은 달은 하늘에 있다. (bright)

    The moon is in the sky.   ···▸ _____

스스로 저절로 됩니다!

수량 형용사 공식

I have much money.

본문 pp.62~63

DAY 16

● 오늘 내 점수는? ☆ ☆ ☆ ☆ ☆

● 이런 걸 공부했어요.

_____

_____

_____

배운 내용을 써요!

_____

본문 pp.64~65

DAY 17

● 오늘 내 점수는? ☆ ☆ ☆ ☆ ☆

● 이런 걸 공부했어요.

_____

_____

_____

_____

본문 pp.66~67

DAY 18

● 오늘 내 점수는? ☆ ☆ ☆ ☆ ☆

● 이런 걸 공부했어요.

_____

_____

_____

_____

sick
☐ 건강한　　☑ 아픈

salt
☐ 설탕　　☐ 소금

money
☐ 돈　　☐ 인기

cookie
☐ 쿠키　　☐ 음식

bread
☐ 밥　　☐ 빵

oil
☐ 버터　　☐ 기름

정답 아픈 · 돈 · 빵 · 소금 · 쿠키 · 기름

in winter
☐ 여름에　　☐ 겨울에

famous
☐ 유명한　　☐ 조용한

math
☐ 수학　　☐ 과학

many
☐ 많은　　☐ 적은

flower
☐ 꽃　　☐ 줄기

much
☐ 많은　　☐ 적은

정답 겨울에 · 수학 · 꽃 · 유명한 · 많은 · 많은

sugar
☐ 소금　　☐ 설탕

a lot of
☐ 많은　　☐ 적은

little
☐ 많은　　☐ 적은

butter
☐ 기름　　☐ 버터

juice
☐ 물　　☐ 주스

we have snow
☐ 비가 온다　　☐ 눈이 온다

정답 설탕 · 적은 · 주스 · 많은 · 버터 · 눈이 온다

02 수량 형용사 공식

수와 양이 많고 적음을 나타내는 **형용사**를 수량 형용사라고 해요.

수		많은	many
양		많은	much

1 하나 둘 **셀 수 있는 명사** 앞에 쓰는 **수량 형용사**는 다음과 같아요.

수		예문
많은	many	Many people love kimchi. 많은 사람들이 김치를 아주 좋아한다.
조금 있는	a few	A few babies are sick. 몇몇 아기들이 아프다.
거의 없는	few	Few babies are sick. 아기들이 거의 아프지 않다.

2 하나 둘 **셀 수 없는 명사** 앞에 쓰는 **수량 형용사**는 다음과 같아요.

양		예문
많은	much	I have much money. 나는 돈이 많다.
조금 있는	a little	I drink a little coke. 나는 콜라를 조금 마신다.
거의 없는	little	I drink little coke. 나는 콜라를 거의 마시지 않는다.

3 many나 much 대신 *a lot of*를, a few나 a little 대신 *some*을 써요.

many → a lot of	I have many / a lot of cookies. 나는 쿠키가 많이 있다.
much → a lot of	I have much / a lot of water. 나는 물이 많이 있다.
a few → some	I eat a few / some cookies. 나는 쿠키를 조금 먹는다.
a little → some	I drink a little / some water. 나는 물을 조금 마신다.

*a lot of(많은), some(약간)은 셀 수 있는 명사, 셀 수 없는 명사와 모두 사용 가능해요.

고르면 ① 바로 아는 문법

명사에 맞는 수량 형용사를 고르세요.

STEP 1 수량 형용사 ❶

much / many　snow

1 **many** / much babies	2 many / much boxes
3 many / much milk	4 many / much water
5 many / much leaves	6 many / much money
7 many / much children	8 many / much elephants
9 many / much juice	10 many / much salt

알맞은 수량 형용사를 고르세요.

STEP 2 수량 형용사 ❷

a few / a little　toys

1 a few / a little students	2 few / little bread
3 a few / a little sugar	4 few / little snow
5 a few / a little apples	6 few / little cookies
7 a few / a little cars	8 few / little buses
9 a few / a little butter	10 few / little oil

② 문장으로 누적연습

의미에 맞게 수량 형용사를 이용하여 문장을 다시 쓰세요.

수량
형용사

| She has <u>money</u>. | ···▶ She has 〔 little 〕 money. | ❶ 명사에 어울리는 수량 형용사 |
| 그녀는 돈을 갖고 있다. | ···▶ 그녀는 돈이 거의 없다. | ❷ 우리말로 다시 확인하기 |

1 I have <u>apples</u>.   ···▶

나는 사과를 갖고 있다.   나는 많은 사과를 갖고 있다.

2 He drinks <u>milk</u>.   ···▶

그는 우유를 마신다.   그는 많은 우유를 마신다.

3 They don't have <u>balls</u>.   ···▶

그들은 공을 갖고 있지 않다.   그들은 많은 공을 갖고 있지 않다.

4 Mina has <u>friends</u>.   ···▶

미나는 친구가 있다.   미나는 친구가 거의 없다.

5 We have <u>snow</u> in winter.   ···▶

겨울에 눈이 온다.   겨울에 거의 눈이 안 온다.

6 <u>Children</u> like math.   ···▶

아이들은 수학을 좋아한다.   몇몇 아이들은 수학을 좋아한다.

고쳐 보는 ·· 문법쓰기

우리말에 맞게 밑줄 친 부분을 바르게 고쳐 문장을 다시 쓰세요.

He has <u>a little</u> friends. 그는 친구가 몇 명 있다.

···▸ He has a few friends.

↳ 명사에 맞게 수량 형용사에 주의하여 쓰세요.

1 My sister needs <u>many</u> money. 내 여동생은 많은 돈을 필요로 한다.

···▸

2 You can see <u>few</u> flowers. 너는 많은 꽃을 볼 수 있다.

···▸

3 They eat <u>much</u> fruits. 그들은 많은 과일을 먹는다.

···▸

4 <u>Few</u> writers are famous. 몇몇 작가들은 유명하다.

···▸

5 We see <u>a little</u> stars in the sky. 우리는 하늘에서 별을 몇 개 본다.

···▸

6 He has <u>little</u> books. 그는 책이 거의 없다.

···▸

수량 형용사 공식 누적복습

단어 확인하기

01	sick	☑ 아픈	☐ 배고픈
02	bread	☐ 빵	☐ 밥
03	salt	☐ 소금	☐ 설탕
04	snow	☐ 눈	☐ 비
05	sugar	☐ 소금	☐ 설탕
06	math	☐ 수학	☐ 과학
07	famous	☐ 평범한	☐ 유명한

단어 따라쓰기

sick

문장으로 보는 수량 형용사 우리말에 맞게 써보세요.

(A) 수량 형용사 + 명사   have   ~

01 많은 개들이 작은 코를 갖고 있다. ⋯▶ _____ a small nose.

02 몇몇 개들은 긴 꼬리를 갖고 있다. ⋯▶ _____ a long tail.

(B) She / He   has   수량 형용사   ~

01 그녀는 많은 돈을 갖고 있다. ⋯▶ _____

02 그는 몇 명의 친구가 있다. ⋯▶ _____

(C) We have   수량 형용사   ~

01 여름에 비가 많이 온다. ⋯▶ _____ in summer.

02 겨울에 눈이 많이 온다. ⋯▶ _____ in winter.

3 수량 형용사 point로 문장 쓰기

01   그들은 친구가 많다.   그들은 친구가 거의 없다.

They have a lot of friends.   ···▸ _____

02   여름에 비가 많이 온다.   여름에 비가 거의 오지 않는다.

We have much rain in summer. ···▸ _____

03   나는 많은 설탕을 필요로 한다.   나는 설탕을 거의 필요로 하지 않는다.

I need much sugar.   ···▸ _____

04   많은 학생들이 배가 고프다.   몇몇 학생들이 배가 고프다.

Many students are hungry.   ···▸ _____

05   많은 사람들이 친절하다.   사람들이 거의 친절하지 않다.

Many people are kind.   ···▸ _____

06   그녀는 많은 돈이 있다.   그녀는 돈이 거의 없다.

She has much money   ···▸ _____

Day 19.20.21

스스로 저절로 됩니다!

부사 공식

He runs fast.

DAY 19

● 오늘 내 점수는? ☆ ☆ ☆ ☆ ☆

본문 pp.70~71

● 이런 걸 공부했어요.

배운 내용을 써요!

DAY 20

● 오늘 내 점수는? ☆ ☆ ☆ ☆ ☆

본문 pp.72~73

● 이런 걸 공부했어요.

DAY 21

● 오늘 내 점수는? ☆ ☆ ☆ ☆ ☆

본문 pp.74~75

● 이런 걸 공부했어요.

sad
☐ 기쁜   ☑ 슬픈

happy
☐ 슬픈   ☐ 행복한

kind
☐ 친절한   ☐ 우울한

easy
☐ 어려운   ☐ 쉬운

slow
☐ 느린   ☐ 빠른

bright
☐ 밝은   ☐ 어두운

정답 슬픈 · 친절한 · 느린 · 행복한 · 쉬운 · 밝은

---

sadly
☐ 슬픈   ☐ 슬프게

happily
☐ 행복한   ☐ 행복하게

kindly
☐ 친절한   ☐ 친절하게

easily
☐ 쉬운   ☐ 쉽게

slowly
☐ 느리게   ☐ 빠르게

fast
☐ 느리게   ☐ 빠르게

정답 슬프게 · 친절하게 · 느리게 · 행복하게 · 쉽게 · 빠르게

---

high
☐ 낮게   ☐ 높이

wake up
☐ 자다   ☐ 일어나다

early
☐ 일찍   ☐ 늦게

late
☐ 일찍   ☐ 늦게

boring
☐ 지루한   ☐ 재미있는

loudly
☐ 조용하게   ☐ 큰소리로

정답 높이 · 일찍 · 지루한 · 일어나다 · 늦게 · 큰소리로

03 부사 공식

부사는 〈형용사+-ly〉의 모양으로 '~하게'라고 해석해요.

| It | is | slow. | - 형용사 |

그것은 느리다.

| It | walks | slowly. | - 부사 |

그것은 느리게 걷는다.

1 부사는 형용사에 -ly를 붙여서 써요.

sad – sadly 슬픈 – 슬프게	kind – kindly 친절한 – 친절하게	nice – nicely 좋은 – 좋게
easy – easily 쉬운 – 쉽게	happy – happily 행복한 – 행복하게	angry – angrily 화난 – 화나게

*형용사와 형태가 같은 부사가 있어요.

high(높은) – high(높이)   late(늦은) – late(늦게)   early(이른) – early(일찍)

fast(빠른) – fast(빠르게)   long(긴) – long(길게)   hard(열심히 하는) – hard(열심히)

> ✦ 〈자음+y〉인 형용사의 경우 y를 i로 바꿔 ly를 붙여요.
> happy- happily

2 부사 중에 '얼마나 자주'를 나타내는 **빈도부사**도 있어요.

	always		나는 항상 TV를 본다.
I	usually	watch TV.	나는 대체로 TV를 본다.
	often		나는 자주 TV를 본다.
	sometimes		나는 가끔 TV를 본다.
	never		나는 전혀 TV를 보지 않는다.

*빈도부사는 be동사 뒤 또는, 일반동사 앞에 와요.

● She is **always** busy in the morning. (be동사 뒤에 옴)

그녀는 아침에 항상 바쁘다.

● Wendy **usually** walks to school. (일반동사 앞에 옴)

Wendy는 보통 학교에 걸어간다.

고르면 바로 아는 문법

STEP 1 부사의 형태

sad ➡ **sadly**

1 **Babies cry** _____. (큰소리로)　　　☐ loud　　☑ loudly

2 **He lives** _____. (행복하게)　　　☐ happy　　☐ happily

3 **She runs** _____. (빠르게)　　　☐ fast　　☐ fastly

4 **It walks** _____. (느리게)　　　☐ slow　　☐ slowly

5 **He smiles** _____. (친절하게)　　　☐ kind　　☐ kindly

STEP 2 빈도부사

항상 ➡ **always**

1 **Tom** _____ **goes to church.** (자주)　　☐ always　　☐ often

2 **They are** _____ **bored.** (전혀 ~아닌)　　☐ often　　☐ never

3 **She** _____ **studies hard.** (대체로)　　☐ usually　　☐ sometimes

4 **He** _____ **wakes up late.** (가끔)　　☐ often　　☐ sometimes

5 **My room is** _____ **bright.** (항상)　　☐ always　　☐ ususally

② 문장으로 누적연습

주어진 단어를 이용하여 문장을 다시 쓰세요.

빈도 부사의 위치	She is <u>nice</u>. (always) ··· She is	always	nice.	❶ 주어진 단어를 알맞은 위치에 넣기
	그녀는 멋지다. ··· 그녀는 항상 멋지다.			❷ 우리말로 다시 확인하기

1 I wake up late. (sometimes) ···▶

나는 늦게 일어난다. 나는 가끔 늦게 일어난다.

2 The story is boring. (never) ···▶

그 이야기는 지루하다. 그 이야기는 전혀 지루하지 않다.

3 The man comes late. (often) ···▶

그 남자는 늦게 온다. 그 남자는 자주 늦게 온다.

4 She speaks loudly. (always) ···▶

그녀는 큰소리로 말한다. 그녀는 항상 큰소리로 말한다.

5 I walk to school. (often) ···▶

나는 학교에 걸어간다. 나는 자주 학교에 걸어간다.

6 He drinks milk. (usually) ···▶

그는 우유를 마신다. 그는 대체로 우유를 마신다.

배열해 보는 ⋯ 문법쓰기

주어진 단어를 배열하여 쓰세요.

is, his room, always, messy (그의 방은 항상 어질러져 있다.)

⋯▸ His room is always messy.

↳ 부사 위치에 주의하여 쓰세요.

1 moves, slowly, a koala (코알라는 느리게 움직인다.)

⋯▸

2 study, we, hard, usually (우리는 대체로 열심히 공부한다.)

⋯▸

3 he, high, jumps (그는 높이 점프한다.)

⋯▸

4 goes to bed, she, late (그녀는 늦게 잔다.)

⋯▸

5 runs, he, fast (그는 빠르게 달린다.)

⋯▸

6 often, she, soccer, plays (그녀는 자주 축구를 한다.)

⋯▸

부사 공식 누적복습

STEP 1 단어 확인하기

단어 따라쓰기

| 01 | boring | ☑ 지루한 | ☐ 기쁜 |

boring

02	loudly	☐ 큰소리로	☐ 조용하게
03	happily	☐ 슬프게	☐ 행복하게
04	high	☐ 낮게	☐ 높이
05	late	☐ 일찍	☐ 늦게
06	wake up	☐ 자다	☐ 일어나다
07	fast	☐ 느리게	☐ 빠르게

STEP 2 문장으로 보는 부사 우리말에 맞게 써보세요.

(A) 주어 is 빈도부사 ~

01 그 개는 항상 귀엽다.　···▸ The ＿＿＿＿＿＿＿＿＿＿ cute.

02 그 개는 가끔 빠르다.　···▸ ＿＿＿＿＿＿＿＿＿＿ fast.

03 그 이야기는 전혀 지루하지 않다.　···▸ The story ＿＿＿＿＿＿＿＿＿.

(B) 주어 빈도부사 동사 ~

01 그녀는 자주 학교에 걸어간다.　···▸ She ＿＿＿＿＿＿ walks to school.

02 그는 결코 우유를 마시지 않는다.　···▸ He ＿＿＿＿＿＿ drinks milk.

03 그는 대체로 늦게 온다.　···▸ He ＿＿＿＿＿＿ comes late.

부사 point로 문장 쓰기

01 fast   I _____ run fast _____ .   나는 빨리 달린다.

He _____ .   그는 항상 빨리 달린다.

02 late   _____   우리는 늦게 온다.

_____   그는 자주 늦게 온다.

03 high   _____   그는 높게 점프한다.

_____   그것은 높게 난다.

04 wake up   _____   나는 늦게 일어난다.

_____   나는 일찍 일어난다.

05 move   _____   그들은 느리게 움직인다.

_____   그는 빠르게 움직인다.

06 loudly   _____   그는 큰소리로 말한다.

_____   그는 큰소리로 운다.

Day 22.23.24

스스로 저절로 됩니다!

명령문 공식

Don't run.

DAY 22

● 오늘 내 점수는? ☆☆☆☆☆

● 이런 걸 공부했어요.

본문 pp.78~79

배운 내용을 써요!

DAY 23

● 오늘 내 점수는? ☆☆☆☆☆

● 이런 걸 공부했어요.

본문 pp.80~81

DAY 24

● 오늘 내 점수는? ☆☆☆☆☆

● 이런 걸 공부했어요.

본문 pp.82~83

close
- ☐ 열다
- ☑ 닫다

window
- ☐ 문
- ☐ 창문

door
- ☐ 문
- ☐ 창문

touch
- ☐ 듣다
- ☐ 만지다

open
- ☐ 열다
- ☐ 닫다

use
- ☐ 사용하다
- ☐ 버리다

정답 닫다 · 문 · 열다 · 창문 · 만지다 · 사용하다

wash
- ☐ 씻다
- ☐ 청소하다

shoe
- ☐ 옷
- ☐ 신발

breakfast
- ☐ 아침 식사
- ☐ 저녁 식사

cut in line
- ☐ 줄을 서다
- ☐ 새치기하다

take off
- ☐ 입다
- ☐ 벗다

fight
- ☐ 싸우다
- ☐ 함께 하다

정답 씻다 · 아침 식사 · 벗다 · 신발 · 새치기하다 · 싸우다

quiet
- ☐ 시끄러운
- ☐ 조용한

classroom
- ☐ 교실
- ☐ 수업

bathroom
- ☐ 거실
- ☐ 욕실

lie
- ☐ 진실
- ☐ 거짓말

go to bed
- ☐ 자러 가다
- ☐ 일어나다

again
- ☐ 다시
- ☐ 한 번

정답 조용한 · 욕실 · 자러 가다 · 교실 · 거짓말 · 다시

04 명령문 공식

명령문은 '~해라, ~하지 마라'라고 지시하는 말로 주어 없이 동사로 시작해요.

You **get up** early.

⬇

Get up early. 일찍 일어나라.

1 명령문은 동사로 문장을 시작하고, please가 오기도 해요.

	문장 형태	예문	
~해라	동사원형	Close the door.	문을 닫아라.
~해줘	동사원형 , + please	Close the door, please.	문을 좀 닫아줘.

❀ 명령문에 처음이나 마지막에 please를 붙이면 좀 더 정중하게 부탁하는 표현이 되어요.
Stand up, please. (일어나 주세요.)
Please, be quiet. (조용히 해주세요.)

2 '~하지 마라'라는 **부정 명령문**은 〈Do not(= Don't)+동사〉로 써요.

긍정 명령문	부정 명령문
Open the window. 창문을 열어라.	Don't **open** the window. 창문을 열지 마라.
Touch this. 이것을 만져라.	Don't **touch** this. 이것을 만지지 마라.
Use my computer. 내 컴퓨터를 써라.	Don't **use** my computer. 내 컴퓨터를 쓰지 마라.

❀ be동사가 있는 문장의 명령문은 Be로 시작해요.
You are quiet. → Be quiet. (조용히 해.)

고르면 1 바로 아는 문법

STEP 1 명령문 ❶

Open the door.

1 ＿＿＿＿＿＿ your hands. 손을 씻어라.　☑ Wash　☐ You wash

2 ＿＿＿＿＿＿ breakfast. 아침을 먹어라.　☐ Have　☐ You have

3 ＿＿＿＿＿＿ your eyes. 눈을 감아라.　☐ Close　☐ Closes

4 ＿＿＿＿＿＿ off your shoes. 신발을 벗어라.　☐ Take　☐ Taking

5 ＿＿＿＿＿＿ your homework. 숙제해라.　☐ Do　☐ You do

STEP 2 명령문 ❷

Open. vs Don't open.

1 ＿＿＿＿＿＿ the classroom. 교실을 청소해라.　☐ Clean　☐ Don't clean

2 ＿＿＿＿＿＿ my birthday. 내 생일을 잊지 마.　☐ Forget　☐ Don't forget

3 ＿＿＿＿＿＿ in line. 새치기하지 마라.　☐ Cut　☐ Don't cut

4 ＿＿＿＿＿＿ with your brother.　☐ Fight　☐ Don't fight
남동생과 싸우지 마라.

5 ＿＿＿＿＿＿ quiet in the library.　☐ Be　☐ Don't be
도서관에서 조용히 해라.

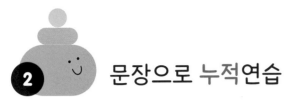

2 문장으로 누적연습

우리말에 맞게 알맞은 말을 고르세요.

명령문
비교하기

| 교실에서 조용히 해라. | ❶ 의미가 긍정인지 부정인지 확인 |

(Be)/ Don't be) quiet in the classroom. ❷ 알맞은 명령문 형태 고르기

↳ 의미에 맞게 긍정 명령문이나 부정 명령문을 고르세요.

---

1 눈을 감아라.

Close / Don't close your eyes.

눈을 감지 마라.

Close / Don't close your eyes.

2 휴대전화를 써라.

Use / Don't use your cell phone.

휴대전화를 쓰지 마라.

Use / Don't use your cell phone.

3 욕실을 청소하지 마라.

Clean / Don't clean the bathroom.

욕실을 청소해라.

Clean / Don't clean the bathroom.

4 물을 많이 마셔라.

Drink / Don't drink much water.

물을 많이 마시지 마라.

Drink / Don't drink much water.

5 일찍 자지 마라.

Go / Don't go to bed early.

일찍 자라.

Go / Don't go to bed early.

6 문을 열어라.

Open / Don't open the door.

문을 열지 마라.

Open / Don't open the door.

80 초등영어 문법부터 해결한다 Basic Level 3

배열해 보는 문법쓰기

주어진 단어를 우리말에 맞게 배열하여 쓰세요.

tell, don't, a lie (거짓말을 하지 마라.)

⋯▶ **Don't tell a lie.** ⟶ 의미에 맞게 주의하여 명령문을 쓰세요.

1 cut, don't, in line (새치기하지 마라.)

⋯▶

2 fresh, eat, fruits, a lot of (신선한 과일을 많이 먹어라.)

⋯▶

3 late, again, don't, be (다시는 지각하지 마라.)

⋯▶

4 his birthday, forget, don't (그의 생일을 잊지 마라.)

⋯▶

5 fight, with, don't, your sister (여동생과 싸우지 마라.)

⋯▶

6 quiet, be, in the library (도서관에서 조용히 해라.)

⋯▶

명령문 공식 누적복습

STEP 1 단어 확인하기   단어 따라쓰기

01 close   ☐ 열다   ☑ 닫다   close

02 go to bed   ☐ 일어나다   ☐ 자러 가다

03 use   ☐ 버리다   ☐ 사용하다

04 forget   ☐ 잊다   ☐ 기억하다

05 be quiet   ☐ 조용하다   ☐ 시끄럽다

06 fight   ☐ 싸우다   ☐ 놀다

07 tell a lie ☐ 말하다   ☐ 거짓말하다

STEP 2 문장으로 보는 **명령문** 우리말에 맞게 써보세요.

(A)   동사원형   ~

01 눈을 감아라.   ···▶ _____ your eyes.

02 교실을 청소해라.   ···▶ _____ the classroom.

03 손을 씻어라.   ···▶ _____ your hands.

(B)   Don't   동사원형   ~

01 거짓말하지 마라.   ···▶ _____ a lie.

02 남동생과 싸우지 마라. ···▶ _____ with your brother.

03 새치기하지 마라.   ···▶ _____ in line.

STEP 3 명령문 point로 문장 쓰기

01 일찍 일어나라.

Get up early.   일찍 일어나지 마라.

···▶ _____

02 아침을 먹어라.

Have breakfast.   아침을 먹지 마라.

···▶ _____

03 그것을 만져라.

Touch it.   그것을 만지지 마라.

···▶ _____

04 내 이름을 잊어줘.

Forget my name.   내 이름을 잊지 마라.

···▶ _____

05 영화 보러 가라.

Go to the movies.   영화 보러 가지 마라.

···▶ _____

06 물을 많이 마셔라.

Drink a lot of water.   물을 많이 마시지 마라.

···▶ _____

초등학교 영어 기초 TEST
형용사/부사/명령문

( )초등학교 ( )학년 ( )반 ( )번 이름( )

1 다음 문장에서 형용사를 모두 찾아 쓰세요.

① I have long hair.   <u>long</u>

② The flower smells good.   _____

③ Look at the yellow balloon.   _____

④ The happy man loves his dog.   _____

⑤ It is a little cat.   _____

⑥ The tall player is my star.   _____

2 다음 문장에서 부사를 모두 찾아 쓰세요.

① Babies cry loudly.   <u>loudly</u>

② They smile happily.   _____

③ The player jumps high.   _____

④ She gets up late.   _____

⑤ He works hard.   _____

⑥ She runs fast.   _____

⑦ Tom speaks sadly.   _____

3 다음 괄호 안에 주어진 단어를 넣어 문장을 다시 쓰세요.

① I like movies. (great)　　　　　I like great movies.

② The room is not bad. (small)

③ The map looks difficult. (old)

④ They live in a town. (big)

⑤ That is my sweater. (new)

⑥ The dog has legs. (short)

⑦ They are dolls. (cute)

4 다음 괄호 안에 주어진 단어를 넣어 문장을 다시 쓰세요.

① My room is bright. (always)　　　My room is always bright.

② We eat out for dinner. (sometimes)

③ I go fishing on weekends. (usually)

④ The story is boring. (never)

⑤ She cleans the kitchen. (often)

⑥ She is late for school. (never)

⑦ Do you walk to school? (often)

5 다음 대화에서 <u>틀린</u> 부분을 찾아 고쳐 쓰세요.

① **A** The animal is a giraffe.

  B Right. It has a neck long.

_____ → _____

② **A** Mike rides a bike fastly.

  B Oh, that's too dangerous.

_____ → _____

③ **A** Does he read a book?

  B Yes. He reads always.

_____ → _____

④ **A** Are you happily?

  B Yes, I am.

_____ → _____

6 다음 주어진 단어를 이용하여 지시대로 쓰세요.

① (forget, my, don't, name)

→ (명령문) _____

→ (우리말) _____

② (cut, don't, in line)

→ (명령문) _____

→ (우리말) _____

③ (quiet, in the library, be)

→ (명령문) _____

→ (우리말) _____

④ (your hands, wash)

→ (명령문) _____

→ (우리말) _____

7 다음 보기의 수량 형용사와 주어진 말을 이용하여 문장을 다시 쓰세요.

few   a few   little   a little   many   much

1 Students are sick. (몇몇)

→ _____

2 She makes mistakes. (거의 없는)

→ _____

3 He drinks milk. (많은)

→ _____

4 We have rain in summer. (거의 없는)

→ _____

5 I have friends. (많은)

→ _____

8 다음 글을 읽고, 물음에 답하세요.

> Brian is a student busy. He gets up early.
> He goes often to school at 8.
> He takes 5 classes every day. He studies hard.
> He rides a bicycle. He rides carefully.
>   (rides, he, fast, never)
>   _____

1 틀린 부분을 두 군데 찾아 바르게 고쳐 쓰세요.

(1) _____ → _____

(2) _____ → _____

2 괄호에 주어진 단어들을 바르게 배열하세요.

→ _____

초등영어
문법부터
해결한다

Answers

PART 1 인칭대명사

UNIT 01 인칭대명사 공식 ①

❶ 고르면 바로 아는 문법

STEP 1 1 She 2 They 3 He 4 We 5 You

해석 **1** Janet은 우리 선생님이다. **2** 엄마와 아빠는 바쁘다. **3** 박 선생님은 도서관에 있다. **4** Tom과 나는 요리사이다. **5** 너와 Joe는 친구이다.

STEP 2 1 My 2 her 3 Our 4 His 5 their

해석 **1** 내 이름은 지수이다. **2** 그것들은 그녀의 가방이다. **3** 우리의 선생님은 박 선생님이다. **4** 그의 여동생은 똑똑하다. **5** Tom과 Jane은 그들의 방에 있다.

❷ 문장으로 누적연습

1 our / We
2 His / He
3 my / My
4 Their / They
5 Their / They
6 her / She

❸ 고쳐 보는 문법쓰기

1 <u>She</u> is in my class.
2 <u>His</u> son is a soccer player.
3 Jenny and Jen are <u>their</u> students.
4 <u>Our</u> friends are lovely.
5 Mr. Brown is <u>your</u> teacher.
6 Their sisters are busy. <u>They</u> are cooks.

인칭대명사 ① 누적복습

STEP 1 01 바쁜 02 작가 03 예쁜 04 열심히 05 바구니 06 사랑스러운 07 방에

STEP 2 (A) 01 He is a writer. 02 His dog is lovely.
(B) 01 She is pretty. 02 Her friend is in the room.
(C) 01 They are my friends. 02 Their sons are busy.

STEP 3　01 They are friends.　　02 He is my teacher.

03 They are farmers.　　04 We are on the same team.

05 You are in the third grade.　06 She is my sister.

U N I T 02 인칭대명사 공식 ②

❶ 고르면 바로 아는 문법

STEP 1　1 He　　2 She　　3 I　　4 They　　5 We

해석　1 그는 개 한 마리가 있다.　2 그녀는 피자를 먹는다.　3 나는 숙제를 한다.　4 그들은 Joe를 좋아한다.
5 우리는 그 고양이를 원한다.

STEP 2　1 I　　2 them　　3 She　　4 her　　5 We

❷ 문장으로 누적연습

1 I / me　　　　2 It / it　　　　3 They / them

4 He / him　　　5 She / her　　　6 You / your

❸ 배열해 보는 문법쓰기

1 I teach English.　　　　2 His teacher loves them.

3 He hates it.　　　　　　4 They watch it on TV.

5 We clean their rooms.　　6 She doesn't remember him.

인칭대명사 ② 누적복습

STEP 1　01 싫어하다　02 기억하다　03 ~을 닮다　04 원하다　05 ~을 보다　06 공부하다

07 그리다

STEP 2 (A) 01 He   02 him

(B) 01 She   02 her

(C) 01 They   02 them

STEP 3 01 He / He wants it.   02 She, her / They are his friends. They like him.

03 They / They remember him.   04 We / We look at them.

05 I / They need them.   06 You / You look like her.

U N I T 03 대명사 it, they 공식

❶ 고르면 바로 아는 문법

STEP 1   1 It is   2 They are   3 They are   4 It is   5 It is

해석 1 나는 개 한 마리가 있다. 그것은 크다.   2 토끼들은 작아 보인다. 그것들은 귀엽다.   3 그녀는 책이 많다. 그것들은 그녀의 방에 있다.   4 그는 내 연필을 원한다. 그것은 새 것이다.   5 호랑이를 봐. 그것은 졸려한다.

STEP 2   1 It is   2 They are   3 They are   4 It is   5 It is

해석 1 오늘은 비가 온다.   2 그것들은 내 가방이다.   3 그것들은 내 공이다.   4 일요일이다.   5 겨울이다.

❷ 문장으로 누적연습

1 they are   2 It is   3 It is   4 It is   5 it is   6 It is

❸ 주어진 단어로 문법쓰기

1 They are my dogs.   2 It is fall now.   3 It is cold today.

4 It is 4 now.   5 They are not dirty.   6 It is very small.

대명사 *it, they* 누적복습

STEP **1**　01 무거운　　02 깨끗한　　03 더러운　　04 날씨　　05 눈 오는　　06 비 오는　　07 화요일

STEP **2**　(A) 01 It is heavy.　　　　　02 It is clean.

　　　　(B) 01 It is rainy.　　　　　02 It is fall.

　　　　(C) 01 They are their desks.　02 They are my bags.

STEP **3**　01 They are heavy.　　　02 It is rainy.

　　　　03 It is Tuesday today.　04 It is May 7.

　　　　05 They are cute.　　　06 They are for students.

U N I T **04** this/that, it 공식

① 고르면 바로 아는 문법

STEP **1**　**1** This is　　**2** Those are　**3** This is　　**4** Those are

해석　**1** 이것은 로봇이다.　**2** 저것들은 쿠키이다.　**3** 이것은 내 토끼이다.　**4** 저것들은 감자이다.

STEP **2**　**1** It is Monday.　　　　**2** It is snowy.　　　　**3** It is May 7.

　　　　4 It is 10:20.

해석　**1** 오늘 무슨 요일이지? – 월요일이다.　**2** 날씨가 어때? – 눈이 온다.　**3** 오늘 며칠이니? – 5월 7일이다.
4 몇 시니? – 10시 20분이다.

② 문장으로 누적연습

1 This / Those　　　　**2** That / These　　　　**3** These / That

4 This / Those　　　　**5** This / Those　　　　**6** Those / This

해석　**1** 이 애는 내 친구이다. / 저들은 내 친구들이다.　**2** 저것은 자동차이다. / 이것들은 자동차이다.
3 이것들은 그의 상자이다. / 저것은 그의 상자이다.　**4** 이것은 장난감이다. / 저것들은 장난감이다.
5 이것은 햄버거이다. / 저것들은 햄버거이다.　**6** 저것들은 새이다. / 이것은 새이다.

3 배열해 보는 문법쓰기

1 What day is it? / 무슨 요일이니?   **2** Those are my comic books. / 저것들은 나의 만화책이다.

3 It is rainy today. / 오늘은 비가 온다.   **4** What is the date today? / 오늘 며칠이니?

5 These are our seats. / 이것들은 우리 좌석이다.   **6** This is my bicycle. / 이것은 내 자전거이다.

---

it, this / that 공식 공식 누적복습

STEP **1**   01 자전거   02 날짜   03 장난감   04 로봇   05 만화책   06 수요일   07 나뭇잎

STEP **2**   (A) 01 That is a robot.   02 This is a bicycle.

(B) 01 These are comic books.   02 Those are leaves.

(C) 01 It is Wednesday.   02 It is 10:30.

STEP **3**   01 These are cars.   02 Those are balls.

03 Those are my bags.   04 They are my rabbits.

05 What is the date today?   06 What day is it?

초등학교 영어 기초 TEST | 대명사

1 ❶ my / He   ❷ our / She / her   ❸ They / They, their

❹ We   ❺ his / It

2 ❶ He is our teacher.   ❷ They are cute.   ❸ We study math.

❹ He teaches us.   ❺ She is a student in our class.

해석 ❶ John은 우리 선생님이다.   ❷ 그 학생들은 귀엽다.   ❸ 내 친구와 나는 수학을 공부한다.   ❹ 그는 내 친구와 나를 가르친다.   ❺ Jane은 우리 반의 학생이다.

3 ❶ it's   ❷ them   ❸ It   ❹ What time   ❺ we

해석 ❶ A: 이것은 너의 상자이니?

B: 아니, 그렇지 않아.

❷ A: 너는 사과들을 갖고 있니?

B: 아니. 나는 그것들이 없어.

③ A: 오늘 날씨는 어때?

　　B: 추워.

④ A: 몇 시니?

　　B: 9시야

⑤ A: Aaron과 너는 축구선수이니?

　　B: 그래, 맞아.

4　① them / It / They　　② It / their / They　　③ It / Their / it

해석　① 나는 고양이 두 마리가 있다. 난 그들을 사랑해. / 이것은 여우이다. 그것은 긴 꼬리를 갖고 있다. / 너는 책을 볼 수 있다. 그것들은 새 것이다.

② 일요일이다. / 그 학생들은 그들의 점심 도시락을 갖고 있다. / Jin과 Jenny는 10살이다. 그들은 3학년이다.

③ 저것은 내 곰인형이다. 그것은 더럽다. / 미아와 민은 학생들이다. 그들의 선생님은 김 선생님이다. / 지금 몇 시니?

5　① This is a car. / 이것은 자동차이다.

② Those are their umbrellas. / 저것들은 그들의 우산이다.

③ This is my toy car. / 이것은 내 장난감 자동차이다.

6　① My, me / I, my / I　　② their / They / them　　③ Her / her / her / She

해석　① 나의 아빠는 나의 남동생과 나를 사랑한다. / 나는 내 가족과 교회에 간다. / 내 이름은 Pam이다. 나는 내 가족을 사랑한다.　② 미아와 민은 그들의 친구들이다. / 그들은 부산에 산다. / Lora와 Nick은 내 친구들이다. 나는 그들을 좋아한다.　③ 그녀의 신발은 매우 작다. / 내일은 그녀의 생일이다. / 이것은 네 우산이다. 저것은 그녀의 우산이다. / 이 아이는 Mary이다. 그녀는 프랑스 출신이다.

7　① her / They　　② her　　③ My

④ your / It　　⑤ them　　⑥ We

해석　① 저것들은 그녀의 신발이다. 그것들은 검정색이다.　② 그녀는 그녀의 개를 사랑한다.

③ 내 휴대전화는 느리다.　④ 이것은 네 목소리이다. 그것은 정말 부드럽다.　⑤ 우리는 그들을 항상 기억한다.

⑥ 우리는 많은 쿠키를 만든다.

② 형용사 / 부사 / 명령문

U N I T **01** 형용사 공식

① 고르면 바로 아는 문법

STEP 1   **1** cute   **2** smart   **3** fast   **4** big   **5** sad

해석 **1** 그녀는 귀여운 여자아이이다.   **2** 그는 똑똑하다.   **3** 토끼들은 빠르다.   **4** 그것은 큰 코끼리이다.
5 Mark는 슬프다.

STEP 2   **1** ☑ shoes   **2** ☑ bags   **3** ☑ teacher   **4** is ☑   **5** are ☑

해석 **1** 그 검은 신발은 새 것이다.   **2** 그것들은 작은 가방들이다.   **3** 그녀는 훌륭한 선생님이다.
4 내 여동생은 행복하다.   **5** Tom과 Jane은 빠르다.

② 문장으로 누적연습

1 It is a big tree.
2 The wild flower is beautiful.
3 The bright moon is in the sky.
4 The new book is fun.
5 The skirt is white.
6 She is hungry.

③ 배열해 보는 문법쓰기

1 My sister is kind.
2 The wild flower is small.
3 They are fresh fruits.
4 He is a great writer.
5 The red dress is cute.
6 The blue sky is beautiful.

형용사 공식 누적복습

STEP **1**   01 큰   02 작은   03 느린   04 빠른   05 짧은   06 밝은   07 야생의

STEP **2**   (A) 01 small dog is   02 big dog is
　　　　　(B) 01 She is pretty.   02 He is fast.
　　　　　(C) 01 Small dogs are   02 Bright stars are

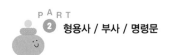

STEP **3** 01 He is a little boy.　　02 It is a short skirt.

03 I am happy.　　04 Jenny is a tall student.

05 You are beautiful.　　06 The bright moon is in the sky.

U N I T **02** 수량 형용사 공식

❶ 고르면 바로 아는 문법

STEP **1** ▶ **1** many　　**2** many　　**3** much　　**4** much　　**5** many

　　　　　6 much　　**7** many　　**8** many　　**9** much　　**10** much

STEP **2** ▶ **1** a few　　**2** little　　**3** a little　　**4** little　　**5** a few

　　　　　6 few　　**7** a few　　**8** few　　**9** a little　　**10** little

❷ 문장으로 누적연습

1 I have many[a lot of] apples.　　**2** He drinks much[a lot of] milk.

3 They don't have many[a lot of] balls.　　**4** Mina has few friends.

5 We have little snow in winter.　　**6** A few children like math.

❸ 고쳐 보는 문법쓰기

1 My sister needs much[a lot of] money.

2 You can see many[a lot of] flowers.

3 They eat many[a lot of] fruits.　　**4** A few writers are famous.

5 We see a few stars in the sky.　　**6** He has few books.

수량 형용사 공식 **누적복습**

STEP **1** 01 아픈　　02 빵　　03 소금　　04 눈　　05 설탕　　06 수학　　07 유명한

STEP 2 **(A)** 01 Many[A lot of] dogs have   02 A few dogs have

      (B) 01 She has much[a lot of] money.   02 He has a few friends.

      (C) 01 We have much[a lot of] rain   02 We have much[a lot of] snow

STEP 3 01 They have few friends.   02 We have little rain in summer.

      03 I need little sugar.   04 A few students are hungry.

      05 Few people are kind.   06 She has little money.

UNIT 03 부사 공식

❶ 고르면 바로 아는 문법

STEP 1   1 loudly   2 happily   3 fast   4 slowly   5 kindly

해석 **1** 아기들은 큰소리로 운다.   **2** 그는 행복하게 산다.   **3** 그녀는 빠르게 달린다.   **4** 그것은 느리게 걷는다.   **5** 그는 친절하게 미소 짓는다.

STEP 2   1 often   2 never   3 usually   4 sometimes   5 always

해석 **1** Tom은 자주 교회에 간다.   **2** 그들은 전혀 지루해하지 않는다.   **3** 그녀는 대체로 열심히 공부한다.   **4** 그는 가끔 늦게 일어난다.   **5** 내 방은 항상 밝다.

❷ 문장으로 누적연습

1 I sometimes wake up late.   2 The story is never boring.

3 The man often comes late.   4 She always speaks loudly.

5 I often walk to school.   6 He usually drinks milk.

❸ 배열해 보는 문법쓰기

1 A koala moves slowly.   2 We usually study hard.   3 He jumps high.

4 She goes to bed late.   5 He runs fast.

6 She often plays soccer.

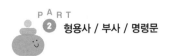
부사 공식 누적복습

STEP 1 01 지루한   02 큰소리로   03 행복하게   04 높이   05 늦게   06 일어나다   07 빠르게

STEP 2 (A) 01 dog is always   02 The dog is sometimes   03 is never boring

(B) 01 often   02 never   03 usually

STEP 3 01 run fast / always runs fast

02 We come late. / He often comes late.

03 He jumps high. / It flies high.

04 I wake up late. / I wake up early.

05 They move slowly. / He moves fast.

06 He speaks loudly. / He cries loudly.

U N I T **04** 명령문 공식

❶ 고르면 바로 아는 문법

STEP 1 1 Wash   2 Have   3 Close   4 Take   5 Do

STEP 2 1 Clean   2 Don't forget   3 Don't cut

4 Don't fight   5 Be

❷ 문장으로 누적연습

1 Close / Don't close   2 Use / Don't use   3 Don't clean / Clean

4 Drink / Don't drink   5 Don't go / Go   6 Open / Don't open

❸ 배열해 보는 문법쓰기

1 Don't cut in line.   2 Eat a lot of fresh fruits.

3 Don't be late again.   4 Don't forget his birthday.

5 Don't fight with your sister.   6 Be quiet in the library.

명사 공식 누적복습

STEP 1 01 닫다   02 자러 가다   03 사용하다   04 잊다   05 조용하다   06 싸우다
07 거짓말하다

STEP 2 (A) 01 Close   02 Clean   03 Wash
(B) 01 Don't tell   02 Don't fight   03 Don't cut

STEP 3 01 Don't get up early.   02 Don't have breakfast.
03 Don't touch it.   04 Don't forget my name.
05 Don't go to the movies.   06 Don't drink a lot of water.

초등학교 영어 기초 TEST | 형용사/부사/명령문

1 ① long   ② good   ③ yellow   ④ happy
⑤ little   ⑥ tall

해석 ① 나는 긴 머리를 갖고 있다.   ② 그 꽃은 냄새가 좋다.   ③ 그 노란색 풍선을 봐.   ④ 그 행복한 남자는 그의 개를 사랑한다.   ⑤ 그것은 작은 고양이다.   ⑥ 그 키가 큰 선수는 나의 스타이다.

2 ① loudly   ② happily   ③ high   ④ late
⑤ hard   ⑥ fast   ⑦ sadly

해석 ① 아기들은 큰소리로 운다.   ② 그들은 행복하게 미소 짓는다.   ③ 그 선수는 높이 점프한다.   ④ 그녀는 늦게 일어난다.   ⑤ 그는 열심히 일한다.   ⑥ 그녀는 빨리 달린다.   ⑦ Tom은 슬프게 말한다.

3 ① I like great movies.   ② The small room is not bad.
③ The old map looks difficult.   ④ They live in a big town.
⑤ That is my new sweater.   ⑥ The dog has short legs.
⑦ They are cute dolls.

해석 ① 나는 훌륭한 영화를 좋아한다.   ② 그 작은 방은 나쁘지 않다.   ③ 그 오래된 지도는 어려워 보인다.   ④ 그들은 큰 마을에 산다.   ⑤ 저것은 내 새 스웨터이다.   ⑥ 그 개는 짧은 다리를 갖고 있다.   ⑦ 그것들은 귀여운 인형이다.

4 ① My room is always bright.   ② We sometimes eat out for dinner.

❸ I usually go fishing on weekends.　❹ The story is never boring.

❺ She often cleans the kitchen.　❻ She is never late for school.

❼ Do you often walk to school?

해석　❶ 내 방은 항상 밝다.　❷ 우리는 가끔 저녁 외식을 한다.　❸ 나는 대체로 주말에 낚시하러 간다.

❹ 그 이야기는 전혀 지루하지 않다.　❺ 그녀는 자주 부엌을 청소한다.　❻ 그녀는 학교에 절대 지각하지

않는다.　❼ 너는 자주 걸어서 학교에 가니?

5 ❶ a neck long → a long neck　❷ fastly → fast

❸ reads always → always reads　❹ happily → happy

해석　❶ A: 그 동물은 기린이다.
　　　B: 맞아. 그것은 긴 목을 갖고 있지.

❶ A: Mike는 자전거를 빨리 탄다.
　B: 아, 그건 너무 위험해.

❸ A: 그는 책을 읽니?
　B: 맞아. 그는 항상 읽어.

❹ A: 너는 행복하니?
　B: 응, 그래.

6 ❶ Don't forget my name. / 내 이름을 잊지 마라.

❷ Don't cut in line. / 새치기하지 마라.

❸ Be quiet in the library. / 도서관에서 조용히 해라.

❹ Wash your hands. / 손을 씻어라.

7 ❶ A few students are sick.　❷ She makes few mistakes.

❸ He drinks much milk.　❹ We have little rain in summer.

❺ I have many friends.

해석　❶ 몇몇 학생들은 아프다.　❷ 그녀는 실수를 거의 하지 않는다.　❸ 그는 많은 우유를 마신다.　❹ 여름에 비가

거의 내리지 않는다.　❺ 나는 많은 친구가 있다.

8 ❶ (1) a student busy → a busy student　(2) goes often → often goes

❷ He never rides fast.

해석　Brian은 바쁜 학생이다. 그는 일찍 일어난다. 그는 자주 8시에 학교에 간다. 그는 매일 5개 수업을 듣는다. 그는

열심히 공부한다. 그는 자전거를 탄다. 그는 조심히 탄다. 그는 절대 빨리 타지 않는다.